AF330472

MGR LANGUILLAT

ÉVÊQUE DE SERGIOPOLIS

VICAIRE APOSTOLIQUE DE KIAN-NAN (NANKIN)

CHANOINE D'HONNEUR DE LA CATHÉDRALE DE CHALONS

CHALONS

J.-L. LE ROY, IMPRIMEUR-LIBRAIRE

1867

MONSEIGNEUR LANGUILLAT

ÉVÊQUE DE SERGIOPOLIS

VICAIRE APOSTOLIQUE DE KIAN-NAN (NANKIN)

Chanoine d'honneur de la Cathédrale de Châlons (1)

Graver vite et rapidement pour ne rien oublier chacun des traits qui avaient rapport au pays de Chine si peu connu ; laisser un témoignage tant soit peu durable du séjour si acclamé de Mgr Languillat dans la ville de Châlons ; aider, s'il était possible, par la propagation de cette brochure à l'œuvre même de la mission, tel a été le triple but que je me suis proposé : puisse-t-il me faire pardonner mes quelques inexactitudes et l'incorrection de mon style.

L'abbé APPERT,
vicaire de Notre-Dame.

⸎

Venit Jerosolymam videre Petrum.
Paul est venu voir Pierre à Jérusalem.

Un autre Paul est aussi venu voir Pierre : il est venu le voir à Rome ; car, depuis dix-huit siècles, Pierre est toujours là. Obéissant avec tous les évêques de la catholicité aux désirs du Souverain-Pontife, Pie IX, le vénérable évêque de Sergiopolis, vicaire apostolique de Kian-Nan (Nankin), Mgr Languillat avait quitté la Chine, traversé les mers pour se rendre un des premiers dans la capitale du monde chrétien.

A la première nouvelle de cette démarche si pleine de foi, Châlons

---

(1) Né à Chantemerle (diocèse de Châlons-sur-Marne) ; ordonné prêtre par Mgr de Prilly en septembre 1831 ; vicaire de Notre-Dame depuis cette époque jusqu'en 1838, ensuite curé de Saint-Alpin jusqu'en 1841, année de son départ pour la compagnie de Jésus.

tressaillit d'espoir, comptant bientôt revoir dans ses murs celui qui, par ses talents, ses travaux, ses souffrances, était devenu une illustration du diocèse. L'attente fut longue ; le désir croissait ; enfin, pourrions-nous dire : *Il est venu parmi les siens, et les siens l'ont reçu*, comme les premiers chrétiens recevaient saint Paul au retour de ses missions.

En effet, mardi, 20 août, Mgr Languillat quittait Nancy où il venait de consacrer une église dans la résidence des R.R. P.P. Jésuites et arrivait à Châlons. Il était accompagné de M. le curé de Notre-Dame, qui était allé au-devant de lui, du R. P. Pfister, nouvel apôtre sur le point de partir aussi pour la Chine, et de M. Woisembert, curé de Sommepy.

Après une visite rendue à MM. les vicaires généraux en l'absence bien regrettée de Mgr Meignan, notre digne évêque, le vénéré missionnaire se rendait à Notre-Dame, conduit par M. le curé, si heureux de posséder son vieil ami, l'ancien compagnon de ses travaux. Les premiers pas du vicaire apostolique se portèrent vers le gracieux et riche sanctuaire de la Vierge pour y déposer son pieux *Ave Maria*, écho déjà lointain de cette même prière que, vingt-sept ans auparavant, avant son départ pour ces pays inconnus, il adressait à Celle qui est la Reine des missionnaires, parce qu'elle est la Reine des apôtres et des martyrs.

Dès huit heures du soir, toutes les cloches de la sonnerie paroissiale de Notre-Dame lançaient, messagères de la bonne nouvelle, leurs joyeuses et solennelles volées. C'en était assez pour déjà faire battre bien des cœurs et réjouir bien des âmes. Aussi, quand, le lendemain, à dix heures, la grosse cloche annonça que Monseigneur allait offrir le saint sacrifice, en un instant l'abside, car la messe se disait à l'autel de la Vierge, se remplissait d'une foule de fidèles avides de saisir les traits, autrefois si connus, du prélat célébrant.

Pendant ce temps, l'orgue éclatait en sons puissants et harmonieux, les chants sacrés retentissaient ; et les anges et les hommes purent se réjouir de voir sur la terre d'Occident le Dieu du Ciel glorifié par un de ses dignes ministres venu de l'extrême Orient.

La messe était finie, mais nul ne quittait l'église. Cette attitude indiquait un secret désir, celui de voir de plus près l'évêque missionnaire que la Chine appelle avec respect le grand homme (Ta-ta). Sa Grandeur céda avec bienveillance à ce vœu qui lui était exprimé. En un instant, grande nef, transepts étaient remplis de fidèles. Monseigneur vint, conduit par M. le curé, se placer sur les premières marches du sanctuaire. La haute et imposante stature du prélat, ses traits d'une douceur charmante, sa chevelure si abondante, sa barbe, sa *mantelletta* violette qui descendait sur son rochet, tout en sa personne attirait les regards.

M. le curé annonça pour le lendemain le pèlerinage du pieux prélat à Notre-Dame de L'Epine et l'intention de Sa Grandeur d'adresser à l'assemblée quelques mots d'édification.

Ici les expressions manquent et la plume se refuse pour retracer une scène des plus attendrissantes.

Après quelques minutes d'une vaine attente, on put voir l'ami prendre d'une main la main de son ami, et porter l'autre à son cœur. L'émotion l'avait gagné tout entier ; il ne put, en versant des larmes, que laisser tomber ces paroles : « Cher ami, je ne puis parler. » M. le curé fit connaître la pensée exprimée par Sa Grandeur.

Pour rompre avec cet attendrissement général, Monseigneur se dirigea vers la foule pour la bénir. Prêtres, hommes, femmes, enfants, tous alors de tomber aux genoux du prélat, de l'environner, de le cerner, de saisir sa main, de baiser son anneau pastoral, de demander une parole..., un mot de souvenir... une bénédiction. Monseigneur ne marchait plus : il était porté ; c'est à grand'peine qu'il put gagner la sacristie. Les fidèles n'étaient pas encore satisfaits. Dans le trajet de l'église au presbytère, toujours même concours, même empressement : il fallait en finir. M. le curé, de ses bras nerveux, souleva l'évêque missionnaire, l'enleva et le déroba ainsi à une obséquiosité qui devenait excessive.

Dans l'après-midi, les cloches de Saint-Alpin se firent entendre pour saluer l'ancien pasteur rendant visite à son église et à son troisième et digne successeur.

Comme il avait été annoncé, Mgr Languillat se rendit le 22 août, octave de l'Assomption, à N.-D. de L'Epine. Dès cinq heures du matin, de nombreux fidèles s'acheminaient à pied vers le pieux sanctuaire, les omnibus roulaient et des équipages avaient devancé l'heure, en sorte qu'à l'entrée du prélat dans l'église, la grande nef était remplie comme aux jours de fête. Prêtres, religieux, religieuses, laïques, ouvriers, laboureurs, tous sont là recueillis. On y voit des pauvres, mais aussi des riches. L'évêque-missionnaire, le vicaire apostolique de Nankin, célèbre la messe à l'autel consacré à la Vierge miraculeuse, à ce même autel où, vicaire de Notre-Dame et ensuite curé de Saint-Alpin, il est venu si souvent prier la Reine du Ciel. A la suite des frères des écoles, des sœurs de la Conception et de la Charité, de nombreux fidèles, hommes, femmes, jeunes filles et en-

fants, vont recevoir à la table sainte, de sa main bénie, le pain des forts,
le froment des élus.

Après l'action de grâces, l'homme de Dieu monte en chaire (1) ; on sait
que les paroles qui vont tomber de ses lèvres sont les paroles d'un saint ;
aussi tout l'auditoire est-il attentif, recueilli, silencieux. Le pieux orateur
nous avertit, avant de commencer, — et ceci fit sur tous une bien vive
impression, — il nous avertit, dis-je, qu'il va faire le signe de la croix à la
façon et dans l'idiôme chinois, à savoir, trois petits signes de croix d'abord
faits avec le pouce sur le front, sur la bouche et sur le cœur, puis le signe
du salut, comme le font les chrétiens d'Europe. « Nous insistons, dit-il, très-
fort sur ce point du dogme catholique, et c'est là souvent toute notre pré-
dication ; le signe de la croix n'est-il pas, en effet, et le symbole des
mystères et le résumé de toute la Religion ? Bien instruit là-dessus, tout
Chinois converti, baptisé, peut baptiser lui-même.

« Chers frères, continue le pieux évêque, parti d'ici depuis vingt-six ans,
pour aller porter la foi jusqu'aux contrées lointaines où le soleil se lève,
je croyais bien ne plus revoir jamais la mère patrie.... — A ce souvenir,
la voix de l'orateur nous semble un peu émue ; qui ne le serait en pen-
sant à la France, à ce beau et cher pays, que l'on quitte sans savoir si
jamais on le reverra. — Mais, ajoute-t-il, sur un signe de Pie IX, je suis
accouru à Rome, et me voici aujourd'hui parmi vous.

« L'église où nous sommes, ce sanctuaire béni de N.-D. de L'Epine, a
vu agenouillés devant l'autel de Marie des grands, des princes, des rois,
mais peut-être n'a-t-il jamais vu, comme aujourd'hui, un pèlerin de l'extrême-Orient, le représentant spirituel de Sa Sainteté Pie IX dans ce vaste
et lointain pays qu'on appelle la Chine. Il m'a plu, mes frères, c'est un
bonheur pour moi de revoir cette église que j'ai tant de fois visitée, et
notamment en 1835, en compagnie d'un ami bien cher, le bon abbé
Guérin, que la mort, — le Ciel plutôt — nous a enlevé, hélas ! Je viens
aujourd'hui, car je veux que vous le sachiez, me mettre moi et mes chers
Chinois, mes chrétiens de là-bas, sous la protection de N.-D. de L'Epine,
qu'on invoque ici. Oui, mes frères, je viens recommander à Marie, coopé-
ratrice de Jésus dans la rédemption des hommes, ce que j'ai fait déjà pour
la gloire de son divin Fils et ce que j'espère faire encore. Et puisque l'occasion s'en présente, continue Mgr Languillat, je veux vous dire mes
projets. Voici donc le but que je me propose : J'ai l'intention de fonder

(1) Cette relation du discours de Monseigneur est due à la plume bien-aimée de
M. le curé de Marson.

de nouvelles chrétientés, de bâtir des églises, des séminaires, des orphelinats dans cette immense étendue de pays, qui compte jusqu'à 146 villes, et où le Souverain-Pontife m'a nommé son vicaire apostolique. Comme faisaient les apôtres aux temps de l'Église naissante, apôtre moi-même, je viens aujourd'hui vous demander et vos prières ferventes, et vos pieuses aumônes, c'est-à-dire et l'obole du pauvre et la pièce d'or du riche. Vous, mes frères, tous tant que vous êtes ici, vous ne pouvez pas quitter votre pays, la France, vos maisons, vos familles, pour aller, par-delà les mers, convertir les Chinois. Cependant, sachez-le bien, il y a un moyen pour vous d'être aussi des apôtres de la vérité, d'en avoir le mérite, c'est d'aider de vos offrandes et de vos vœux le missionnaire revenu un instant parmi vous et qui va repartir en vous faisant ses suprêmes adieux. Il présentera vos dons devant le trône de Dieu ; et le Seigneur vous rendra au centuple ce que vous aurez donné pour lui, il vous le rendra au jour des récompenses. Ce jour-là, le vicaire apostolique de Nankin apparaîtra devant le tribunal du souverain juge, avec les Chinois qu'il aura convertis ; il y sera aussi avec vous, ses bienfaiteurs, ses amis, les chrétiens d'Europe, et tous nous verrons, nous aimerons, nous posséderons Dieu au Ciel pour l'éternité. » Ces sympathiques paroles ont eu, je n'en doute pas, de l'écho dans tous les cœurs. Pour moi je me suis dit en bénissant le Seigneur : Je sais maintenant que le bon Dieu nous a envoyé son ange, *Nunc scio vere, quia misit Dominus Angelum suum.*

L'adoration du 3ᵉ jeudi à Saint-Alpin offrait à M. le curé une occasion toute naturelle de faire honneur à l'ancien pasteur de cette église. Dire le nombre des assistants est impossible ; la clôture des triduum dans la ville épiscopale peut seule nous en donner une idée. L'orateur débuta par rappeler d'anciens souvenirs, bien chers à son cœur, le souvenir de ses prédécesseurs dans cette église et les derniers gages d'affection et d'attachement qui lui étaient donnés, quand en 1841, on pressentait sa décision. Il toucha un mot des difficultés que sa vocation rencontra à son départ près de Mgr de Prilly. « Mais, s'écrie-t-il, quand hier je vis la tombe vénérée de cet Evêque dont j'avais reçu toutes les ordinations, depuis la tonsure jusqu'à la prêtrise, il me semblait que du fond de sa tombe il regrettait de n'avoir pu par l'onction épiscopale me communiquer lui-même tous les dons du Saint-Esprit. Il était mort, et je vous assure, il me semblait encore converser avec lui : *Defunctus adhuc loquitur.* » Parti de Châlons, le missionnaire s'était rendu en Belgique où il fit son noviciat. Durant les deux années, il donna de nombreuses missions, « où, dit-il, j'étais apôtre moi-même à mon insu, tant Dieu bénissait ma parole. » Après deux ans, le pieux religieux reçoit l'ordre de partir pour la Chine. Il s'embarque à Brest et dit à la France, son pays, un adieu qu'il croyait éternel. La traversée fut longue, pénible et difficile : elle dura onze mois, et, chose à peine croyable qui vous donnera une idée des progrès, quand le missionnaire devenu évêque sillonna de nouveau les mers pour se rendre à Rome, il accomplit ce long trajet en quarante et quelques jours. A peine arrivé sur le sol de la Chine, l'abbé Languillat eut à se rendre près d'un mourant pour recevoir sa confession, qu'il ne comprit qu'à peine, et lui administrer l'extrême-onction. Il se mit à l'étude ; doué d'une excellente mémoire secondée par un travail opiniâtre, aidé du reste par le Dieu qui s'appelle le Dieu des sciences, *Deus scientiarum*, ses progrès furent si rapides que, quelques mois après, au jour de l'Immaculée-Conception, il adressait à sa chrétienté chinoise son premier discours qui fut bien compris. La province de Pékin et celle de Nankin, qui toutes deux étaient confiées à la compagnie de Jésus, devinrent tour à tour le théâtre de son zèle et de ses travaux. Il aima ses Chinois et chercha à les convertir. Quant à dire ce qu'il lui en coûta, c'est impossible : les tracasseries, les déloyautés, les persécutions des mandarins le mirent quelquefois à de rudes épreuves, et prêtre encore, incarcéré pendant trois mois la chaîne au cou d'abord, il dut subir de nombreux interrogatoires et fut en proie à de grandes souffrances :

J'étais perdu, dit-il, condamné à mort, reconnu traître aux lois du pays, sans l'intervention de M. de Lagrenée, notre consul, que sa mémoire soit en bénédiction et que le ciel lui soit propice ! Grâce aux manières douces, polies, aimables de cet homme de bien, il obtint du céleste empereur que les missionnaires européens ne seraient plus punis de mort, mais conduits et remis entre les mains de leurs consuls respectifs. C'est ce qui me sauva la vie. Aujourd'hui nous devons aux armées françaises une situation beaucoup plus tranquille, quoique pourtant tous les traités soient plutôt subis qu'acceptés, et c'était bonheur pour nous de recevoir dans nos résidences nos amiraux, l'amiral Cécile de si bonne mémoire, nos bons généraux et ces intrépides marins que nous embrassions avec tant d'effusion et d'amour. — Par suite des difficultés survenues dans l'administration des provinces de Chine, le Souverain-Pontife dut se déclarer chef spirituel de ces pays infidèles et résolut de se choisir lui-même des représentants ou vicaires. C'est alors que parmi les missionnaires jésuites, le choix désigna l'un d'eux pour être élevé à l'épiscopat. Cette dignité devait appartenir au R. P. Brouillon, supérieur de la mission. La mort l'emporta, et le R. P. Languillat reçut du Souverain-Pontife le bref qui le pressait de se faire sacrer évêque. Déjà il a été transféré une fois et a consacré son successeur dans la province nord, avant de passer dans le vicariat apostolique de Nankin. Sa Grandeur n'a pas encore établi dans cette ville sa résidence : elle est à Chang-Haï, qui se trouve sur l'embouchure du Kiang. Il médite aujourd'hui de se rendre à Nankin où il résidera désormais.

On peut comprendre combien ce résumé tout simple que le prélat traça de ses vingt-sept ans écoulés intéressa l'assemblée.

Alors se tournant vers l'autel, cet autel où si souvent il avait offert le saint sacrifice, l'émotion le saisit : il rappela des souvenirs chers à sa paroisse et manifesta les regrets profonds qu'il avait éprouvés, quand, dans les nombreuses visites qu'il avait reçues, s'informant de ceux qu'il avait connus et aimés on lui répondait pour beaucoup : ils sont morts ! enfin il revint, comme le matin, sur le but de son voyage en Occident, le pèlerinage de Rome, la demande de missionnaires, de religieuses. En Chine, des vierges se sont réunies qui secondent avec âme les vœux des missionnaires. Mais elles lui écrivent : amenez-nous de l'Europe des Mères qui nous apprennent à prier. Enfin, il est venu pour recueillir des aumônes. Si petites soient-elles, s'écrie-t-il, chers frères, ne craignez pas de me faire rougir : j'ai tant de besoins et il me faut de telles ressources pour créer le bien dans un diocèse de plus de 80,000,000 d'habitants, que j'aurai toujours la main ouverte et le cœur content.

Le lendemain, Monseigneur se rendit à Saint-Alpin où il offrit le saint sacrifice pour les fidèles vivants et morts de la paroisse. Grande était l'assistance, et au sortir de l'église il fallut que Monseigneur se prêtât aux exigences de chacun. Des noms volaient de bouche en bouche, et le bon Père de s'arrêter, de montrer par quelques mots le souvenir qu'il avait gardé de la famille, s'intéressant à tous et souhaitant à tous de grandes bénédictions, surtout quand il apprenait qu'une famille se composait de chrétiens pratiquants. Toute la petite place devant la porte de son ancien presbytère était envahie ; plus d'une fois il revint sur ses pas pour n'oublier personne et répondre aux marques de vénération qui lui étaient données.

Dans la journée, Monseigneur se rendit au camp de Châlons où il fit visite au général Ladmirault, commandant en chef.

Le lendemain samedi, il célébra la messe dans la chapelle de l'établissement de Saint-Joseph. Il visita ensuite la maison sous la conduite de M. Loisson de Guinaumont.

Le soir il se rendit aux couvents de la Congrégation de Notre-Dame et de l'Adoration ; il assista ensuite à une réunion des Enfants de Marie, pieuses ouvrières de l'œuvre des tabernacles.

Partout c'était mille instances pour obtenir de lui quelque récit, quelque trait édifiant, quelques données sur le pays de Chine et sur ses habitants ; il répondait à tous avec cette amabilité, cet entrain qui forçait ensuite à lui rappeler des heures assignées à d'autres visites.

Le soir, plus heureux que tant d'autres, écrit un de ceux qui, en grand nombre, vicaires ou curés, furent généreusement conviés par M. le curé de Notre-Dame à la table de l'évêque, nous eûmes le bonheur de voir de près et d'entendre l'apôtre de la Chine nous parler des mœurs, des usages, des habitants de sa nouvelle patrie ; nos yeux et nos cœurs étaient comme suspendus à ses lèvres. Les prières en chinois, Monseigneur. demandait l'un, et à l'instant des monosyllabes en y-ly-tsin, tô, sâ-tsè-tê, etc., filaient sur des tons modulés et nous rendaient tous heureux. — Et les Kouay-Tsé, Monseigneur, c'est-à-dire les bâtonnets qui remplacent chez les Chinois nos services d'Europe ? — Apportez-m'en, disait-il, mon long séjour dans le pays m'a appris à les faire jouer très-prestement.— Le pain est-il bon en Chine ? — Le pain ne subit pas dans ces pays la même préparation que dans le nôtre : on fait du pain ou des gâteaux avec beaucoup de grains broyés. — Et le vin, Monseigneur? — Le pays ne nous en fournit pas ; nous sommes obligés de faire venir d'Europe le vin nécessaire au saint sacrifice. Quant à la nourriture, lorsque nous sommes dans nos résidences, surtout à Chang-Haï, étant à proximité de la mer, on peut vivre à l'européenne. Les indigènes se nourrissent de riz, de millet et de fèves de marais qu'on laisse un peu aigrir.

Quelle est la religion de ces peuples ?

Tchê-tsay-ti est le nom qu'on donne populairement à toutes les religions ou sectes différentes des trois reconnues par le gouvernement, savoir : 1º celle des *lettrés*, qui honorent Confucius, philosophe chinois, et n'admettent, d'une manière encore fort obscure, que les principes généraux des premiers devoirs de l'homme ; 2º celle des Tao-tse, qui adorent un Chinois du nom de Ly, et qu'ils appellent Lao-Kiùm, c'est-à-dire vieillard-roi, vieillard-maître : ce Ly passa, dit-on, quatre-vingts ans dans le sein de sa mère ; pour en sortir, il la tua en brisant une de ses côtes et parut à la vie, la barbe et les cheveux déjà blancs ; 3º celle des Bonzes : d'après eux, le lieu du repos n'est accordé qu'à une vie parfaite ; les âmes sont ramenées à la vie ou sous la forme humaine, ou sous les dehors de quelque animal, suivant leurs bonnes ou mauvaises actions. C'est en vain que le missionnaire montre l'absurdité de ce culte en témoignant l'espèce d'injure faite à l'âme de leur père ou de leur grand-père qui peut-être est dans la bête qu'ils frappent ou malmènent ; rien ne peut éclairer les yeux de ce peuple. A moins de connaître toutes les superstitions de ces différentes sectes, il est impossible de comprendre tout l'excès de leur ridicule.

Comment voyage-t-on en Chine ?

Généralement sur des barques. Chaque famille a un ou deux canots. Les fleuves et les bras de rivières sillonnent le pays en tous sens, de sorte que l'on se rend par eau d'un endroit à un autre. Si l'on voyage par terre, on se sert de chaises à porteurs, ce qui est du luxe, ou de chariots, c'est l'antique moyen de transport. La province de Nankin, en particulier, est arrosée par deux grands fleuves que nous nommons en Europe *fleuve bleu* et *fleuve jaune*, fleuves immenses, qui, dans leurs crues, font du pays un vaste océan.

Un soir, notre attention si grande déjà redoubla encore, notre émotion aussi, lorsqu'à l'instante prière de M. Champenois, imposant silence à son humilité, Mgr Languillat nous parla des persécutions qu'il avait subies, de sa captivité, de ses chaines ; il n'a point eu, comme on l'a dit, les honneurs de la cangue.

Arraché au lieu de ses missions, obéissant à un mandat supérieur, malgré les trépignements de ses chrétiens qui voulaient frapper les gardes et les satellites du mandarin, pour le délivrer, il se rendit au grand mandarinat. Une de ses plus grandes humiliations fut d'entendre, quand il comparut une première fois, cet ordre dur et sec : « A genoux ! » C'était ainsi qu'il devait parler au mandarin. La chaine au cou et à genoux, quelle confusion ! Il avait hésité un instant, mais se rappelant qu'il était soumis aux lois de l'empire et que toute autorité vient de Dieu, il obéit.

Le mandarin, homme caustique, s'était renseigné sur les nom, prénoms, lieu d'origine du missionnaire. Par esprit de nargue, il lui dit : Ton pays est en relation avec l'Angleterre, et sans doute la France paie tribut à cette reine des mers. A ces mots, le Français sent le sang bouillonner dans ses veines : Mandarin, lui dit-il, sache que l'empire français est le plus fier empire du monde ; il ne relève de personne : c'est comme si je disais que la Chine, ce vaste empire, est vassale du Japon ou de la Corée.

Pendant trois mois il eut à répondre à de nombreux interrogatoires. La connaissance qu'il avait de la langue du pays, ses réponses empruntées parfois aux livres chéris des Chinois ; les lois de l'hospitalité surtout qu'il développait avec tant d'âme ; son calme, sa hardiesse, son air libre et dégagé, tout faisait impression sur ses juges et lui conquérait parmi les païens eux-mêmes de sympathiques égards.

Une fois on apporta, parmi ses bagages, sa chapelle de missionnaire. Il laissa tout retirer, tout examiner ; mais quand vint le tour du calice : Arrête mandarin, lui dit-il, ne touche pas à cela ; moi seul ai ce droit : ce vase sacré est un calice dans lequel se consacre le sang rédempteur qui a coulé sur la croix pour le salut du monde. Puis vint l'aiguière pour administrer le baptême. Le mandarin dès lors se laissait renseigner : Qu'est-ce que cela, lui dit-il ? — Ceci sert à verser sur le front l'eau régénératrice du baptême. — Eh bien baptise devant moi. — Je ne le puis, attendu que le baptême ne se donne qu'une fois, à moins, mandarin, que tu ne veuilles te faire instruire et je te baptiserai ; car de même qu'on ne rentre pas dans le sein de sa mère, ainsi on ne peut naître qu'une fois à la vie spirituelle. — Apercevant les vases qui servent au sacrement de Confirmation et apprenant quel en était l'usage : Eh bien, dit-il, confirme un de tes chrétiens. — Ils sont confirmés, mandarin ; et la force divine une fois donnée ne se rend plus, pas plus que nos jeunes années. Pour l'extrême-onction, même demande : Donne ce sacrement à tes chrétiens. — A moins d'être malade, on ne peut le recevoir. Pourtant, pour donner au mandarin une preuve de son bon vouloir, le courageux missionnaire, prenant ses habits sacerdotaux, lui dit : Tiens, tu m'as l'air bien disposé et je ne puis pas te croire mon ennemi ; je vais devant toi revêtir mes ornements sacrés, et tu jugeras de la majesté du culte catholique : je le ferai par complaisance ; car s'il y avait chez toi le moindre mépris, je te refuserais cette satisfaction. — Le mandarin fut content.

Pourtant le procès avançait ; la cause était chaleureusement défendue par le missionnaire lui-même, et les mandarins n'avaient plus contre lui que le seul grief d'avoir pénétré en Chine, malgré des édits formels. C'en eût été assez pour mériter la mort, sans la loi plus douce qui était due à l'intervention pacifique de M. de Lagrenée.

« Mais la faim est faim, et la vermine est vermine. » En ces quelques mots le missionnaire révélait les plus atroces souffrances de sa captivité. Il est reçu en Chine que le prisonnier se nourrisse à ses frais jusqu'à conviction ou décharge de culpabilité. Point ou peu de sapèques, de rares relations avec ses chrétiens, une grande dureté de la part des satellites, tout contribuait à le faire languir, et déjà il se sentait menacé de mourir de consomption, quand un jour, après avoir adressé un fervent recours à la sainte Vierge, il entend du dehors une voix qui lui crie : «Voici des vivres !»

Cette bonne fortune était due à un usage de la Chine. Par manière de félicitation pour celui qui a gagné son procès on lui offre un repas. Dans cette circonstance, un mandarin avait fait lui-même ces frais.

Rappelant ce souvenir, Monseigneur ajoutait en souriant : J'ai rarement de ma vie fait un aussi bon repas.

Le Dimanche, jour réservé pour l'office pontifical à Notre-Dame, fut annoncé dès la veille comme aux grandes solennités de l'année.

Dans l'église, rien d'extraordinaire, ce semble, ne le faisait pressentir.

On s'étonnait de ne pas voir de trône ; Monseigneur allait, suivant le cérémonial des évêques, *officier au fauteuil*. Le trône d'un évêque diocésain ne doit être cédé par lui qu'à un Cardinal, fût-il Cardinal lui-même. Le Métropolitain occuperait un trône placé en face de celui de l'évêque du lieu.

A la place où le sous-diacre chante l'épître, un fauteuil, tourné vers le peuple, était placé isolément. Si cette place donnée à l'hôte illustre, que nous avons reçu, prêtait moins à la pompe et à la solennité, chacun avouait qu'elle satisfaisait à la vénération de tous ceux qui, pleins de bonheur, aimaient à voir revêtu des insignes de l'épiscopat celui qu'ils avaient connu tour à tour vicaire de Notre-Dame et curé de Saint-Alpin. De nombreux ecclésiastiques, chanoines, prêtres et séminaristes s'étaient fait une joie d'assister à cette messe solennelle. L'église, pendant toute la journée ne suffisait pas à la foule qui s'y pressait.

Impossible de décrire la religieuse attitude de l'assemblée et son profond silence pendant la célébration des saints mystères. Plus d'un homme, peu coutumier des grands offices, se retirait édifié, pénétré, heureux et disant : « J'aurais voulu que cette messe durât toujours. » La bénédiction pontificale donnée d'une voix sonore, forte et belle, et la piété avec laquelle elle a été reçue, aura jeté dans plus d'une âme le germe d'une foi plus vive et peut-être d'un courage plus chrétien.

Mgr Languillat devait prendre la parole après avoir officié pontificalement aux vêpres. Toutes les avenues de l'église étaient encombrées et les portes restèrent sans issue pour les entrants ou les sortants pendant deux heures.

En face de la chaire étaient M. l'abbé Deschamps, vicaire général du diocèse, qui voulut bien assister Mgr Languillat comme l'évêque du lieu, M. le curé de Notre-Dame et grand nombre d'ecclésiastiques.

Après *Magnificat*, le prélat monta en chaire. Il était en chappe avec la crosse et la mitre. Il débuta à peu près en ces termes :

« Dans l'absence très-regrettée pour moi de Mgr l'évêque de Châlons, mais en présence de M. le vicaire général, si digne représentant de l'autorité diocésaine, et de M. le curé de Notre-Dame, resté toujours pour moi un père et un ami, et dont les désirs sont pour moi des ordres, je viens prendre la parole dans cette église, de si douce mémoire, dans cette chaire où vicaire de Notre-Dame j'eus l'honneur tant de fois d'instruire les âmes et de les porter à la pratique du saint Evangile. J'ai deviné, mes chers frères, vos secrets désirs : apprendre quelque chose des missions lointaines où s'exerce notre apostolat, savoir le succès de notre ministère et les espérances que ces terres étrangères peuvent offrir au christianisme. Avant d'entrer dans tous ces détails si intéressants, posons d'abord les bases de cet enseignement catholique que nous sommes allé porter aux peuples de l'extrême-Orient. »

Ici l'orateur rappela, avec force et conviction, les grands principes de la foi auxquels se rattachent la grâce de la conversion des âmes et les fruits heureux du ministère apostolique.

Puis vint l'esquisse trop rapide pour tous de sa mission.

Après avoir dépeint beaucoup d'usages dont nous avons parlé, il prit son livre où de sa main sont inscrits tous les détails relatifs à l'administration de son vicariat apostolique. Il donna connaissance par des chiffres exacts du bien que jusqu'ici, secondé par ses missionnaires, il avait pu opérer en Chine. Il nous est impossible de reproduire ici les commentaires courts, rapides et parfois amusants dont le prélat accompagnait ses notes. Les chiffres et les quelques renseignements que nous livrons sont incontestables, Monseigneur, avec bienveillance, nous ayant permis de les transcrire.

La province de Nankin est située entre le 29° et le 35° degré de latitude boréale et entre le 112° 30' et presque 120° degré de longitude parisienne orientale. Elle embrasse une étendue de 175 lieues de l'est à l'ouest et de 170 du midi au nord.

Sur le chiffre d'habitants qui peuple cette vaste contrée, rien ne peut être affirmé en toute garantie, à moins que l'on n'en croie au recensement officiel fait par les ordres du chef du Céleste-Empire. Un de ces recensements, datant de 1852, donne pour chiffre de la population :

	Le recens^t de 1812 n'indiquait que :

		Le recens^t de 1812 n'indiquait que :
Province de Kiang-Nàn. .	54,494,641	37,843,501
Province de Shang-Hai. .	49,201,992	34,168,059
	103,696,633	72,011,560

Aujourd'hui, dit Sa Grandeur, il faut tenir compte de la fameuse guerre des impériaux, qui a fait périr beaucoup d'indigènes sans compter tous ceux qui furent arrachés à leurs familles et entraînés loin d'elles; en sorte que la moyenne de la population pourrait être évaluée sans exagération à 80 millions.

Sur une terre aussi étendue et au milieu d'une population aussi considérable, quel est le succès de la mission chrétienne : le voici d'après le chiffre officiel présenté au Souverain-Pontife cette année même, le 18 mai 1867.

Mission de Nankin du 1er juillet 1865 au 1er juillet 1866.

Chrétiens chinois, environ	72,684
— européens, environ	1,000
Districts.	20
Chrétientés.	414
Eglises.	317
Chapelles.	87
Catéchumènes.	5,239
Adultes baptisés.	2,425
Enfants baptisés (nés de parents chrétiens). .	2,805
Enfants (nés d'infidèles, baptisés à l'article de la mort).	10,301
Enfants survivants nourris et entretenus par les chrétiens.	2,724
Enfants nouveaux et anciens formant une petite famille qui s'élève à	6,610
Confirmés.	2,522
Confessions annuelles.	51,376
Communions annuelles. . . .	43,057
Confessions de dévotion. . . .	68,482
Communions de dévotion. . . .	65,835
Extrême-Onction.	1,572

Mariages bénits.	687
Mariages validés.	51
Ecoles de garçons.	227
Ecoles de filles.	116
Maîtres d'école.	239
Maîtresses d'école.	146
Ecoliers de parents chrétiens. . . .	2,694
Ecoliers de parents païens. . . .	1,294
Filles chrétiennes dans les écoles. . . .	1,484
Filles païennes. id. . . .	76
1 collége (élèves).	100
5 pensionnats de jeunes gens (élèves). . .	200
1 pensionnat de filles (élèves). . . .	100
1 grand orphelinat de garçons. . . .	400
1 id. de jeunes filles. . .	220
8 petits orphelinats.	160

Clergé : 1 Evêque, 37 P.P. de la Compagnie de Jésus, dont 1 chinois ; — 9 étudiants de la Compagnie, dont 8 chinois ; — 10 frères coadjuteurs dont 4 chinois ; en tout 57.

Clergé indigène : 14 prêtres ; — 27 étudiants au grand-séminaire ; — 51 étudiants au petit-séminaire ; en tout 92, ce qui porte l'effectif des ouvriers évangéliques pouvant servir à cette mission de la Chine au chiffre de 149 (1).

Quel petit nombre pour un si vaste pays. Mais les vierges chrétiennes, appelées femmes évangéliques et les catéchistes sont pour les prêtres des auxiliaires puissants. Monseigneur citait une vierge qui avait préparé au baptême 500 païens. Néanmoins l'évêque missionnaire gémit plus d'une fois sur le petit nombre d'ouvriers et dépeignit les déchirements de son cœur d'apôtre, quand, ce qui arrive souvent, des peuples entiers l'appellent lui et les siens pour se convertir, il se voit réduit à refuser, ne voulant pas compromettre le bien qui est fait pour un bien à venir.

Un second tableau fut présenté, celui du progrès de la religion chrétienne dans ces mêmes contrées dans un espace de 20 ans ; de 1845, un

____

(1) Parmi les prêtres chinois, il est un vieillard qui a blanchi dans les travaux du ministère, il s'appelle Xeu (Matthieu) : il est né à Tsom-Ming, en 1790, et fut ordonné en 1818 ; il s'occupe encore selon ses forces.

an avant l'arrivée du R. P. Languillat, jusqu'en 1865 inclusivement.

Adultes baptisés.	32,723
Enfants d'infidèles baptisés.	44,844
Enfants baptisés in articulo mortis.	145,186
Survivants nourris et entretenus.	67,131
Confirmés.	43,421
Confessions à la suite de missions.	913,713
Communions, id.	751,729
Confessions de dévotion.	886,198
Communions, id.	893,091
Mariages.	13,277
Extrême-Onction.	32,496

Le chiffre des Mariages et des Extrêmes-Onctions reste bien inférieur aux autres chiffres. Ceci se comprend : c'est que la présence du prêtre manque le plus souvent pour conférer ces deux sacrements ; car, hors ce cas, les Chinois aiment les cérémonies du mariage et ils estiment à un haut prix la grâce du sacrement des malades ; au point, disait Monseigneur, que des malades apprenant la présence du prêtre, se faisaient conduire de très-loin ou se traînaient près de lui pour demander et recevoir ce sacrement.

Après mille détails des plus intéressants, Monseigneur termina en rappelant quel avait été le but de son voyage : saluer le chef de l'Eglise, l'immortel Pie IX, et déposer à ses pieds l'hommage des évêques, des missionnaires et de tous les fidèles de l'Orient. « C'est le 7 mars de cette année, dit-il, que je reçus au fond de la Chine la lettre de convocation adressée à tous les évêques du monde. Ma résolution fut aussitôt prise, et le 23 du même mois je me mettais en route. Ce qui me toucha, ce fut le pieux empressement des catholiques à chaque station où s'arrêtait notre navire. A Hong-Kong, à Saïgon, à Singapore, à Point-de-Galle, etc., les missionnaires venaient me saluer, me prier d'être leur interprète et celui de leurs chrétiens auprès du Saint-Père et de leur rapporter à tous une particulière bénédiction. »

Sur le vaisseau, le costume chinois du missionnaire, qu'il n'a quitté qu'à Marseille, le signala bientôt à l'attention de tous les passagers. Plusieurs protestants, et parmi eux des personnages de distinction, lièrent conversation avec lui et avouaient qu'ils s'étonnaient fort de sa démarche. « Quoi, lui disaient-ils, un simple désir du Pape suffit pour vous amener du fond de l'Orient jusqu'à Rome ? — Oui, leur répliquait-il, j'accours avec bonheur vers le chef de l'Eglise catholique, le souverain Pasteur des âmes. Je viens des premiers, beaucoup d'autres me suivent. » Et il ajoutait : « Voyez-donc quelle est la merveilleuse puissance de ce vieillard assis sur un trône qui vous semble vermoulu. Il parle, l'Orient s'ébranle; que sera-ce de l'Occident ? »

Il dépeignit son entrevue avec le Saint-Père le 18 mai dernier, corrigeant par lui-même ce qu'en avaient pu dire les journaux.

« La vue de Pie IX me pénétra d'une émotion profonde. Il me semblait qu'un rayon d'en haut, une lumière surnaturelle, tombait sur son front; et pour résumer l'impression que je ressentis à ses pieds, je ne puis que vous répéter ces deux mots que j'écrivais à mes séminaristes de Tonkadou : *Vidi Sanctum !* Oui, c'est un saint que j'ai vu sur le trône de Pierre et dont j'emporte en mon cœur l'image; mais quel aimable saint ! Savez-vous bien quelle fut, en m'apercevant, la première parole du bien-aimé Pontife ? *Ecco il mio Nankinese*, répéta-t-il trois fois en souriant : « Le voilà, mon Nankinois; » si bien qu'en me prosternant je me pris moi-même à sourire un peu; mais presqu'aussitôt je ne pus retenir mes larmes. Je voulais lui baiser les pieds; il me tendit la main; je la saisis, je la baisai, en disant : *Tu es Petrus !* — Et le Saint-Père, serrant fortement ma main dans la sienne, poursuivit avec moi d'une voix ferme que semblait animer la conviction profonde de sa mission divine : *Et super hanc petram ædificabo Ecclesiam meam, et portæ inferi non prævalebunt adversus eam !* En répétant cet oracle du maître, Pie IX, je le sentais, faisait un acte de foi.

« Puis j'acquittai la promesse que j'avais faite à tous les missionnaires qui m'avaient salué sur la route; je réclamai pour eux et pour leurs fidèles la bénédiction apostolique qui leur fut aussitôt donnée. Puisse-t-elle féconder encore davantage leurs épreuves et leurs travaux !

« Pendant trois quarts d'heure que j'ai eu la consolation d'entretenir Sa Sainteté de notre mission de Chine, j'ai été frappé de la précision avec laquelle le Saint-Père parlait de l'état de ces chrétientés lointaines, énumérant les grandes villes qui devaient servir de centres d'opérations, parlant de ce qui était fait, de ce qui est encore à faire.

« Je vais bientôt revoir mon immense diocèse; à mes bien-aimés chrétiens de la Chine je dirai, pour résumer mon pèlerinage à Rome : J'ai vu l'Eglise et j'ai admiré *l'unité*; j'ai vu Pie IX et j'ai vénéré à genoux *la sainteté.* »

On peut d'après ce récit bien infidèle, très-incorrect, mais aussi exact que possible, comprendre combien fut intéressant à entendre le bon et vénérable missionnaire. Il tint la chaire pendant une heure et demie; mais ce qui donnera une idée de son courage d'apôtre et de la force que Dieu lui a donnée, c'est que, le soir, à l'office de la Vierge, une heure et demie après, il énumérait devant des fidèles réunis de nouveau les grâces nombreuses qu'il sollicitait de Celle que l'on salue du beau nom de Notre-Dame des Victoires.

L'intervalle des offices était disputé par les visites. De belles et généreuses offrandes, des offrandes moins riches mais tout aussi généreuses étaient remises de main à main à cet infatigable Ouvrier de l'Orient. A tous il disait un merci et donnait en retour sa bénédiction et l'assurance de ses prières. Plus d'une fois, charmé, ravi et confus des marques de vénération qui lui étaient données, il disait, avec cette humilité que nous avons été à même d'apprécier : « Oh ! la bonne ville de Châlons : elle a gagné depuis mon départ : jamais je ne me serais attendu que le souvenir du jeune vicaire de Notre-Dame et du curé d'une paroisse pût soulever à ce point la population ! »

Monseigneur, obligé de nous quitter pendant la nuit qui suivit ce beau jour, se rendait à Conflans-sur-Seine, où il avait donné un rendez-vous de famille. M. le curé de N.-D. ne voulut quitter son ami qu'au moment où lui-même allait s'éloigner du diocèse. Sa Grandeur emporte de son séjour parmi nous, séjour trop court, hélas! l'impression la plus délicieuse, et nous comptons fermement sur la promesse qu'il a bien voulu faire de venir à Châlons quand, dans dix-huit mois, il aurait assisté au concile général.

Châlons, le 25 août 1867.

1241. — Châlons-sur-Marne, imp. J.-L. Le Roy.

9 782012 956803